BEI GRIN MACHT SICH IHR WISSEN BEZAHLT

AF139959

- Wir veröffentlichen Ihre Hausarbeit,
  Bachelor- und Masterarbeit

- Ihr eigenes eBook und Buch -
  weltweit in allen wichtigen Shops

- Verdienen Sie an jedem Verkauf

Jetzt bei www.GRIN.com hochladen und kostenlos publizieren

Bibliografische Information der Deutschen Nationalbibliothek:

Die Deutsche Bibliothek verzeichnet diese Publikation in der Deutschen National-
bibliografie; detaillierte bibliografische Daten sind im Internet über http://dnb.d-
nb.de/ abrufbar.

Impressum:

Copyright © 2015 GRIN Verlag, Open Publishing GmbH
Druck und Bindung: Books on Demand GmbH, Norderstedt Germany
ISBN: 978-3-668-02344-4

Dieses Buch bei GRIN:

http://www.grin.com/de/e-book/304006/augmented-reality-bis-mobile-commerce-
anwendungsbereiche-neuer-technologien

Larissa Schäffler

**Augmented Reality bis Mobile Commerce. Anwendungs-
bereiche neuer Technologien am POS**

GRIN Verlag

Augmented Reality bis Mobile Commerce – Anwendungs- bereiche neuer Technologien am POS

Hochschule Heilbronn

Campus Schwäbisch Hall

Fakultät Management und Vertrieb

Sommersemester 2015

Hauptseminar

Referent: Larissa Schäffler

Datum: 21.04.2015

Inhaltsverzeichnis

Abkürzungsverzeichnis

App	Application
BLE	Bluetooth Low Energy
E	Electronic
LBS	Location Based Services
LTE	Long Term Evaolution
M	Mobile
POS	Point of Sale
WLAN	Wireless Local Area Network

1 Einführung

„Der beste Weg, die Zukunft vorauszusagen, ist, sie zu gestalten".[1] Dieses Zitat von Willy Brandt verdeutlicht, wie notwendig und sinnvoll es ist, sich als Unternehmen auch um zukünftige Entwicklungen und Trends zu kümmern und nicht nur die Gegenwart zu fokussieren. Eine aktuelle Entwicklung ist das „Always on" – Phänomen: Dank mobilem Internetzugang wird ein allgegenwärtiger und an jedem Ort ununterbrochen möglicher Zugriff auf sämtliche Online-Inhalte ermöglicht.[2]

Gründe für die Verhaltensänderung der heutigen Konsumenten finden sich nicht zuletzt in den im Laufe der Zeit entstandenen neuen Informations- und Kommunikationsmöglichkeiten, das Wettbewerbsumfeld wird durch zunehmend verschärfte Bedingungen dynamischer und somit anspruchsvoller.[3] Immer mehr Einzelhandelsgeschäfte vertreiben vergleichbare Produkte zu ähnlichen Preisen, was zu einem wachsenden Preiswettbewerb führt. Spätestens an diesem Punkt kommt die Frage nach relevanten Bestimmungsfaktoren für Standortattraktivität und Anziehungskraft im Vergleich zum Wettbewerb auf.[4]

Der stationäre Handel ist heutzutage immer nur öfter zum Anschauen und Testen der Produkte da, gekauft wird nach schnellem Preisvergleich beim günstigsten Anbieter im Internet. Dieser Trend wird durch die Ent- und Weiterentwicklung von Smartphones und Tablets noch verstärkt, die Grenzen zwischen Online- und Offline-Handel verschwimmen zunehmend.[5] Außerdem zeigt das Streben der Konsumenten nach emotionaler Stimulierung, dass auch bei Einkaufsprozessen besondere Anforderungen gestellt werden: die Miteinbeziehung in das Geschehen und das Umfeld der Einkaufsstätte wird heutigen Kunden immer wichtiger.[6]

Händler versuchen, diesem Trend der zunehmenden Digitalisierung mit Hilfe neuer Technologien am POS entgegen zu wirken:

---

[1] Brandt, W.
[2] Vgl. Mayer, A., 2012, S. 38 ff.
[3] Vgl. Riedl, H., 2014, S. 1.
[4] Vgl. Riedl, H., 2014, S. 1.
[5] Vgl. Schröder, F., Bach, J., 2013 (Internetquelle), Stand: 12.04.2015.
[6] Vgl. Riedl, H., 2014, S. 4.

Die bestehenden Vorteile des stationären Handels, wie das Einkaufserlebnis und der unmittelbare Kauferfolg, sollen gestärkt und zugleich die Schwächen, wie das geringere Informationsangebot und der oft höhere Preis, minimiert werden.[7]

Doch wie und mit welchen Instrumenten kann sich der Handel diese Entwicklungen zunutze machen? Wie weit kann der Handel hierbei gehen und wo liegen die Grenzen? Diesem Thema möchte ich im Rahmen der vorliegenden Seminararbeit nachgehen. Hierfür werde ich zunächst einige grundlegenden Informationen und Definitionen zum Verständnis anführen und danach drei ausgewählte Technologien am POS erläutern. Im zweiten Teil meiner Arbeit werde ich diese Technologien kritisch würdigen und die Grenzen aufzeigen, abschließen werde ich diese Arbeit mit einem zusammenfassenden Fazit.

---

[7] Vgl. Schröder, F., Bach, J., 2013 (Internetquelle), Stand: 12.04.2015.

2 Begriffliche und inhaltliche Grundlagen

2.1 Überblick über technische Entwicklungen

Durch Smartphones, Tablets und die dazugehörigen Apps wird der Zugang zum Internet zunehmend einfacher und unabhängiger – gewünschte Informationen können jederzeit und an jedem Ort abgerufen werden. Doch dazu werden leistungsstarke Mobilfunknetze benötigt.[8] Vodafone bietet im Moment das flächendeckenste und leistungsstärkste Mobilfunknetz in Deutschland an, sie investieren zudem stark in den zukünftigen Ausbau des Netzes – vor allem das mittlerweile weit verbreitete LTE steht aktuell im Fokus.[9]

Besonders in Leerzeiten haben mobile Endgeräte eine große Beliebtheit. Leerzeiten sind solche Zeiten, die ein Nutzer durch zum Beispiel Warten unproduktiv verbringt. Auch in Suchsituationen sind mobile Internetdienste besonders nützlich, was sich der Händler zu Nutze machen und dem Anwender als Erster bestimmte Informationen zur Verfügung stellen kann.[10] Die Kamerafunktion der Smartphones begünstigt die Entwicklung neuer Technologien am POS ebenfalls: Durch die Aufnahme von Fotos können individualisierte Produktempfehlungen angeboten werden. Vorreiter hierbei ist beispielsweise das Unternehmen „Stylight": Hier kann der Nutzer ein Foto von Passanten machen, dessen Kleidungsstücken ihm gefallen und durch die App wird sofort im Internet nach ähnlichen Kleidungsstücken gesucht – die entdeckte Einkaufsinspiration in der Fußgängerzone wird mit einer direkt ermöglichten Kaufoption gekoppelt.[11]

Handelsunternehmen bekommen durch das mobile Internet neue Chancen zur Abhebung von der Konkurrenz. Ein weiteres Beispiel für eine aktuelle Technologie am POS sind Location Based Services (LBS): Zara nutzt diese einfache Form der Standortnavigation auf ihrer Internetseite, in dem sie den Kunden via GPS orten, um ihn so auf die nächstgelegenste Filiale aufmerksam zu machen.[12]

---

[8] Vgl. Mayer, A., 2012, S. 40.
[9] Vgl. Mayer, A., 2012, S. 38 f.
[10] Vgl. Broeckelmann, P., 2010, S. 1.
[11] Vgl. Heinemann, G., 2014, S. 119f.
[12] Vgl. Heinemann, G., 2014, S. 124 f.

Durch solche Anwendungen kann es dem stationären Handel gelingen, dem Konkurrenzdruck der Online-Kanäle etwas entgegen zu wirken und den Kunden nicht auf die Internetseite, sondern direkt in den Shop zu leiten.

Im folgenden Teil der Arbeit werden drei der aktuellsten Technologien, die Augmented Reality, die sehr aktuellen Beacons, sowie der Mobile Commerce näher erläutert.

2.2 Datenschutz

Fast genauso schnell wie das mobile Internet momentan wächst, entwickelt sich auch die Bedeutung des Thema Datenschutz: Bei vielen Anwendungen werden beispielsweise Informationen über die Aufenthaltsorte von Nutzern ermittelt, weitergeleitet und weiterverarbeitet.[13]

Dieses Thema wird nicht zuletzt durch das Persönlichkeits- und Datenschutzrechte stark fokussiert – der Kunde muss sich sicher fühlen und darf nicht das Gefühl von Datenmissbrauch bekommen.[14] Jedoch sind sich die Anwender häufig nicht im Klaren darüber, wie viele persönliche, oft mit anderen Informationen verknüpfte persönliche Daten, sie durch die Nutzung mobiler Internetdienste bereit stellen.[15]

Den Trend der zunehmenden Nutzung von mobilen Endgeräten stellt eine große Chance für Händler da, welche auch genutzt werden sollte, da die Kunden so individuell wie möglich angesprochen werden wollen – mit Angeboten, die auf sie passen.[16] Jedoch ist ein Verständnis für die Sensibilität solcher übermittelten Daten notwendig, jeder muss für sich selbst entscheiden, welche Daten er wem zur Verfügung stellt.[17]

---

[13] Vgl. Mayer, A., 2012, S. 60.
[14] Vgl. Buhr, A., 2011, S. 10.
[15] Vgl. Buhr, A., 2011, S. 10.
[16] Vgl. Buhr, A., 2011, S. 221.
[17] Vgl. Mayer, A., 2012, S. 60.

2.3 Definitionen

Grundlage zum Verständnis der vorliegenden Arbeit bilden nachfolgende Definitionen:

Der Handel bildet die Verbindungsstelle zwischen Produktion und Absatz, ist also für die Versorgung der Konsumenten mit den jeweils benötigten Gütern zuständig.[18]

Somit ist der Point of Sale (POS) definiert als Ort des Warenangebots, an welchem unmittelbarer Kontakt zwischen Kunde und angebotener Ware stattfindet. Hier fällt im stationären Einzelhandel die letztendliche Kaufentscheidung des Konsumenten.[19]

Mobile Endgeräte stellen den Schlüssel zum mobilen Internet und somit beispielsweise zum Mobile Commerce dar.[20] Unter mobilen Endgeräten versteht man alle Geräte, welche für den mobilen Einsatz entwickelt wurden; hierzu zählen demzufolge nicht nur Smartphones, sondern auch Tablets. Ein mobiles Endgerät ist definiert durch folgende drei Charakteristika: Lokalisierbarkeit, Erreichbarkeit und Ortsunabhängigkeit.[21] In der heutigen Zeit verfügen nahezu alle mobilen Endgeräte über die Möglichkeit der Nutzung von mobilen Datendiensten, wodurch ein standortungebundener Zugriff auf das Internet gewährleistet wird.[22]

Um diese mobilen Endgeräte optimal nutzen zu können, werden meistens sogenannte Applikationen (kurz „Apps") verwendet. Diese bilden das letzte Glied eines Computerbetriebssystems. Meistens wird jedoch nur die mobile Variante betrachtet: Eine App ist ein Programm, welches betriebssystemspezifisch auf Smartphones und andere mobile Endgeräte geladen und ausgeführt werden kann.[23]

---

[18] Vgl. Weber, W., Kabst, R., 2012, S. 21.
[19] Vgl. Schneider, W., in: Gabler Wirtschaftslexikon (Internetquelle), Stand: 17.04.2015.
[20] Vgl. Heinemann, G., 2014, S. 133 f.
[21] Vgl. Heinemann, G., 2014, S. 133 f.
[22] Vgl. Broeckelmann, P., 2010, S. 10f.
[23] Vgl. Mayer, A., 2012, S. 13.

3 Augmented Reality

3.1 Begrifflich-konzeptionelle Grundlegung

Mithilfe von Augmented Reality als computergenerierte Erweiterung der Sinnes-
wahrnehmung erhält „die reale Welt Untertitel". So beschreibt Bernhard Jodeleit in
seinem Buch „Social Media Relations" den Nutzen der Augmented Reality.[24]

Definiert wird Augmented Reality als ein interaktiv erlebbares und mit künstlichen
Inhalten angereichertes Abbild der Realität in Echtzeit.[25] Die reale Welt wird also
mit einer virtuell erzeugten Wirklichkeit kombiniert und es entsteht eine „mixed
Reality" mit verschiedenen Arten von Informationen.[26]

Betrachtet wird jedoch nicht nur ein virtuell angereichertes zweidimensionales Bild:
„Augmented reality is interactive, so it doesn`t make sense to watch it or to listen
to it. We must engage with it in order to gain the experience that it provides". Der
Nutzer muss also auch mit dem neu entstandenen, dreidimensionalen Abbild interagieren können.[27] In einer optimal entwickelten Augmented Reality sollte der
Nutzer nicht mehr zwischen den realen und den virtuell hinzugefügten Informationen differenzieren können.[28]

Ziel der Augmented Reality ist es, die Auffassungsgabe des Anwenders zu ver-
bessern und ihm Zusatzinformationen mit einem klaren Bezug zur realen Wahrnehmung, also zum Beispiel zu einem betrachteten Gegenstand, zu geben.[29]

Augmented Reality verbreitete sich vor allem durch die Entwicklung der Mobiltele-
fone sehr schnell: Durch das Smartphone wird diese Anwendung massentauglich,
die entstandene Echtzeitkommunikation und –interaktion zwischen dem realen
Umfeld und den ergänzenden virtuellen Informationen wird dem Anwender beispielsweise auf seinem Smartphone zur Verfügung gestellt.[30]

---

[24] Vgl. Buhr, A., 2011, S. 88.
[25] Vgl. Wendt, G., 2012, S. 52.
[26] Vgl. Dörner, R., Broll, W., Grimm, P., Jung, B., 2013, S.246f.
[27] Vgl. Craig, A., 2013, S. 2
[28] Vgl. Dörner, R., Broll, W., Grimm, P., Jung, B., 2013, S. 5f.
[29] Vgl. Buhr, A., 2011, S. 88.
[30] Vgl. Buhr, A., 2011, S. 92.

3.2 Anwendung am POS

Augmented Reality kann vielfältig zur Gestaltung und Inszenierung der Wirklichkeit eingesetzt werden: Vor allem im Bereich der Kundengewinnung und -bindung bis hin zum Marketing und Vertrieb der eigenen Produkte und Dienstleistungen, die sich dem Interessent durch Augmented Reality nahezu selbst erklären.[31]

Angewendet wird Augmented Reality außerdem, um grundlegende Aufmerksamkeit und Interesse bei den Nutzern zu wecken – je stärker der Kunde integriert wird, desto intensiver ist auch die Bindung. Außerdem kann der potentielle Käufer so das jeweilige Produkt ohne wirklichen Kontakt in Verwendung erleben.[32]

Um eine Ergänzung der realen Umwelt zu bieten, werden bisher zur Anwendung meistens Apps für Smartphones und Tablets verwendet. Ebenfalls sehr verbreitet sind Videoprojektionen, bei denen sowohl die realen als auch die virtuellen Impressionen zusammen auf einer Fläche projiziert werden: der Anwender sieht sich zum Beispiel selbst auf der Projektionsfläche und kann mit ergänzten virtuellen Objekten interagieren.[33] Diese Art der Augmented Reality wird bereits in Paris in einer Filiale des Sportartikelherstellers Adidas angewendet: Hier kann der Kunde durch einen vor Ort installierten „Magic Mirror" nur durch Berühren der Glasfläche des Spiegels zuvor ausgewählte Schuhe farblich und ausstattungstechnisch virtuell variieren . Vorteil für den Kunden: Durch diese Funktion bleiben ihm die oft als lästig empfundenen Anproben erspart.[34]

Damit der Händler auf seine Produkte aufmerksam machen kann, muss der potentielle Kunde direkt Informationen, Angebote und Orte verknüpft dort im Blick haben, wo er sich bewegt – auf der Straße.

Mit Hilfe einer App können Wohnungssuchende Informationen zu freistehenden Wohnungen bekommen – direkt beim Vorbeigehen. Steht man vor einem potentiellen Miet- oder Kaufobjekt und richtet seine Smartphone-Kamera auf dieses,

---

[31] Vgl. Mehler-Bicher, A., Steiger, L., 2014, S. 13.
[32] Vgl. Wendt, G., 2012, S. 52 ff.
[33] Vgl. Wendt, G., 2012, S. 52.
[34] Vgl. Buhr, A., 2011, S. 221 f.

werden durch eine App direkt Eckdaten wie Preis und Wohnungsgröße aufge-zeigt.[35]

Ein weiteres Beispiel, wie Augmented Reality direkt am POS Anwendung findet, bietet LEGO: 2008 wurden in vielen ihrer Spielzeugläden Terminals zur Informationserweiterung aufgestellt. Hält der Interessent eine Packung mit einem verpackten Lego-Bausatz unter dieses Terminal, sieht er auf dessen Bildschirm, wie das Produkt zusammengebaut aussieht.[36]

Eines der aktuellsten Anwendungsbeispiele liefert derzeit Google mit der von ihnen entwickelten Datenbrille: Hier bekommt der Nutzer virtuelle Zusatzinformationen nicht nur auf sein Smartphone, sondern direkt in das eigene Sichtfeld auf diese Brille.[37]

Augmented Reality kann nicht nur im B2C Bereich eingesetzt werden, sondern auch im B2B Segment: Messestände auf Fachmessen erregen schnell mehr Aufmerksamkeit und Interesse, wenn Zusatzinformationen zu angebotenen Produkten zum Beispiel als dreidimensionale und zusätzlich platzsparende Animation präsentiert werden.[38]

[35] Vgl. Buhr, A., 2011, S. 88 f.
[36] Vgl. Heinemann, G., 2014, S. 80 ff.
[37] Vgl. Buhr, A., 2011, S. 88.
[38] Vgl. Buhr, A., 2011, S. 92.

4 Beacon Technologie

4.1 Begrifflich-konzeptionelle Grundlegung

Beacons, übersetzt „Leuchtfeuer", sind kleine Funksender, die direkt am POS angebracht werden können und andauernd ein kontinuierliches Signal aussenden. Die Sender sind nur etwa 10 Zentimeter groß und können via USB-Stecker aufgeladen werden.[39] Spezielle Apps auf dem Smartphone der Kunden kommunizieren dann mit diesem Sender und ermitteln so den Standort des mobilen Endgeräts.[40] Nach der Ermittlung des Standorts reagiert die jeweilige App mit einer „Indoor-Kommunikation" wie dem Senden von Coupons oder Produktinformationen.[41] Hinter diesen „Leuchtfeuern" steht ein ähnliches Konzept wie hinter der Near Field Communication (NFC), bieten jedoch größere Reichweiten und vielfältigere Anwendungsmöglichkeiten.[42]

Damit diese Technologie funktioniert, müssen jedoch einige Voraussetzungen erfüllt sein: Der Händler muss die erforderliche Funkantenne im Shop anbringen, der Nutzer muss die jeweilige App installiert haben, zusätzlich die Bluetooth Verbindung einschalten und Push Nachrichten dieser App zulassen.[43] Außerdem funktioniert die Kommunikation zwischen Sender und App nur bei einer Entfernung zwischen 50 cm und 30 Metern, je nach Einstellung des Senders.[44]

Vorteil jedoch ist, dass die Übertragung der Informationen mit geringem Stromverbrauch ohne Internetverbindung, nur über sogenanntes „Kurzstrecken-Bluetooth" (BLE) erfolgt. Daher kann diese Technologie auch eingesetzt werden, wenn keine oder sehr eingeschränkte Netzverbindung besteht.[45]

Unternehmen können sich diese Technologie zunutze machen und ansprechende, standortbasierte Kaufanreize an potentielle Kunden im Laden schicken und so ein interessanteres Einkaufserlebnis bieten.[46]

Im Moment ist jedoch noch unklar, wie Verbraucher auf diese neue Anwendung

---

[39] Vgl. Bender, H., 2014 (Internetquelle), Stand: 12.04.2015.
[40] Vgl. Klotz, M., 2014 (Internetquelle), Stand: 12.04.2015.
[41] Vgl. Klauberg, G., 2014 (Internetquelle), Stand: 12.04.2015.
[42] Vgl. Bender, H., 2014 (Internetquelle), Stand: 12.04.2015.
[43] Vgl. Bender, H., 2014 (Internetquelle), Stand: 12.04.2015.
[44] Vgl. Klotz, M., 2014 (Internetquelle), Stand: 12.04.2015.
[45] Vgl. o.V., Internet World Business, 2014 (Internetquelle), Stand: 10.04.2015.
[46] Vgl. Klauberg, G., 2014 (Internetquelle), Stand: 12.04.2015.

reagieren und ob sich der Aufwand für die Händler lohnt.[47] Händler erhoffen sich jedoch durch diese Technologie, jene Kunden zu gewinnen und zu binden, welche mobile Geräte gerne nutzen, aber dennoch Spaß am Einkauf im stationären Handel empfinden.[48]

4.2 Anwendung am POS

Durch diese sogenannten Beacons kann der Händler Werbung oder auch Gutscheine direkt auf das Smartphone des Kunden schicken, welcher sich gerade im Laden befindet. Des Weiteren kann der Händler Informationen zur optimalen Warenpositionierung erhalten und der Kunde durch sogenannte „Indoor-Navigation" schnell und einfach zu gewünschten Produkten umgeleitet werden.[49]

Auch in Deutschland wird diese Technologie eingesetzt: Ein Berliner Start-Up Unternehmen („Shopnow") entwickelte im Februar 2014 eine App, mit der die Nutzer in Hamburg und Berlin in den bisher rund 200 teilnehmenden Shops Prämienpunkte bekommen, sobald sie einen dieser Shops betreten.[50] Dieses Start-up Unternehmen ist als offene Plattform ausgelegt: In den kommenden Jahren sollen sich möglichst viele Unternehmen an dieser Art von Kommunikation anschließen und Teil des Konzepts werden.[51]

Neben dem Sammeln von Prämienpunkten ermöglichen Beacons die Bereitstellung von Zusatzinformationen: Nähert sich der Kunde einem Produkt, können ihm auf seinem Smartphone individuelle Informationen wie Inhaltsstoffe und Herkunft des Produktes sowie verfügbare Produktvarianten angezeigt werden.[52]

Auch das Einkaufen von Lebensmitteln kann künftig durch Beacons vereinfacht werden: Der Kunde wird automatisch auf dem kürzesten Weg durch den Shop zu den Produkten geleitet, die er zuvor in die Einkaufsliste der App eingefügt hat und spart sich so die Suche nach bestimmten Lebensmitteln.

---

[47] Vgl. o.V., Internet World Business, 2014 (Internetquelle), Stand: 10.04.2015.
[48] Vgl. Bender, H., 2014 (Internetquelle), Stand: 11.04.2015.
[49] Vgl. Klotz, M., 2014 (Internetquelle), Stand: 12.04.2015.
[50] Vgl. Bender, H., 2014 (Internetquelle), Stand: 12.04.2015.
[51] Vgl. Bender, H., 2014 (Internetquelle), Stand: 12.04.2015.
[52] Vgl. Klotz, M., 2014 (Internetquelle), Stand: 12.04.2015.

Jedoch können diese Wege jedoch vom Händler bewusst ausgewählt werden, um den Kunden zum Beispiel an auffälligen Werbeaktionen vorbei zu führen, um Impulse für das Spontankaufverhalten zu geben.[53]

Das Thema Datenschutz spielt auch hier eine Rolle: Eine Drogeriemarktkette aus Hamburg nimmt im Moment noch einen Standpunkt entgegen des Trends ein und verzichten bewusst auf Beacons, um die Kunden direkt beim Eintreten ins Geschäft zu orten – aus Datenschutzgründen, wie sie sagen.[54]

[53] Vgl. Klotz, M., 2014 (Internetquelle), Stand: 12.04.2015.
[54] Vgl. Bender, H., 2014 (Internetquelle), Stand: 12.04.2015.

5 Mobile Commerce

5.1 Begrifflich-konzeptionelle Grundlegung

In den letzten Jahren wurde durch mobile Technologien nicht nur das soziale Miteinander verändert, sondern auch die Entwicklung des Handels vorangetrieben.[55]

Eine verbreitete Definition des Mobile Commerce ist folgende:

> Mobile Commerce as „a business model that allows a consumer to complete all steps of a commercial transaction using a mobile phone or personal digital assistent."[56]

Diese Definition verdeutlicht, dass Transaktionen den Kunden nicht mehr an die physische Präsenz in einem Geschäft gebunden sind, sondern durch mobile Technologien ortsunabhängig erfolgen können. Hierbei sind „all steps", also alle Phasen einer Kaufentscheidung eingeschlossen.[57]

Eine weitere Definition beschreibt Mobile Commerce als:

> „transaction with direct or indirect monetary value over wireless handheld devices."

Die Definitionen haben ein gemeinsames Merkmal: die zugrunde gelegte Technologie ist die Mobilität durch eingesetzte mobile Endgeräte.[58] Durch die Verwendung dieser Endgeräte kommt es zu einer Verschmelzung der Grenzen zwischen E- und M- Commerce, da die Inhalte des Internets durch mobile Endgeräte standortunabhängig überall abrufbar sind.[59] M-Commerce grenzt sich also durch die Verwendung mobiler Endgeräte vom E-Commerce ab, da dieser in der Regel durch die Verwendung von beispielsweise Computern standortgebunden ist.[60]

Mobile Commerce ist demzufolge generell zu verstehen als eine Art der Transaktion, bei der während des gesamten Geschäftsprozesses mindestens einer der

[55] Vgl. Broeckelmann, P., 2010, S. 11.
[56] Vgl. Broeckelmann, P., 2010, S. 12.
[57] Vgl. Broeckelmann, P., 2010, S. 12.
[58] Vgl. Broeckelmann, P., 2010, S. 13.
[59] Vgl. Kreutzer, R., 2012, S. 450 f.
[60] Vgl. Heinemann, G., 2014, S.120 f.

Transaktionspartner das mobile Netzwerk über ein mobiles Endgerät nutzt und so seine physische Präsenz vollkommen frei wählen kann.[61]

Ziel des Mobile Commerce ist es, den Kaufprozess so weit wie möglich in der Abwicklung zu vereinfachen und zu beschleunigen. Wird diese Vereinfachung direkt am POS angeboten, spricht man vom Multi-Channel-Mobile-Commerce.[62]

5.2 Anwendung am POS

Händler können sich diese durch Smartphones ermöglichte von Ort und Zeit losgelöste Erreichbarkeit der mobilen Nutzer proaktiv zu Nutze machen und den potentiellen Kunden jederzeit an jedem Ort erreichen: eines der einfachsten Anwendungsbeispiele ist das Senden von Werbung und Aktionsprodukten direkt auf das Smartphone.[63]

Unternehmen wie Amazon und buch.de wendendiese Technologie ebenfalls bereits an: über mobile Endgeräte können sowohl digitale als auch physische Produkte reserviert und bestellt werden.[64]

Direkt am POS werden Kunden immer häufiger QR-Codes angeboten, welche nach dem Einscannen beispielsweise weitere Produktinformationen oder Gutscheincodes anzeigen. Dadurch setzt sich der Kunde intensiver mit den Produkten auseinander.[65]

Auch Bezahlvorgänge können durch Mobile Commerce vereinfacht und beschleunigt werden: Sogenannte „Self-Checkout-Apps" bieten den Händlern enorme Vereinfachungen des Verkaufsprozesses, da der Kunde während des Ladenbesuchs seine Artikel selbst scannt und direkt über die App bezahlen kann – am Schluss muss der virtuelle Kassenbeleg nur noch an der Kasse vorgezeigt werden.[66]

---

[61] Vgl. Kreutzer, R., 2012, S. 450 f.
[62] Vgl. Heinemann, G., 2012, S. 45.
[63] Vgl. Heinemann, G., 2014, S. 130.
[64] Vgl. Heinemann, G., 2012, S. 45.
[65] Vgl. Heinemann, G., 2012, S. 11.
[66] Vgl. Heinemann, G., 2012, S. 11.

6 Kritische Würdigung mit Ausblick

Smartphones sind schon heute ständiger Begleiter im Alltag. Durch neue Entwicklungen wie der ständige Ausbau des LTE-Netzes, wird diese Entwicklung des Internets zu mehr Mobilität beeinflusst, da sich so immer mehr Möglichkeiten für sowohl Smartphone-Nutzer, als auch die Händler ergeben.[67]

Der E-Commerce wird durch seinen verlängerten Arm, den M-Commerce nachhaltig verändert, was den Online Handel so in eine neue Innovationsstufe leitet.[68] Diese Entwicklung wird im Moment noch durch die aktuellen Eigenschaften des Internets gebremst: Benötigt wird eine intakte Internetverbindung und ein hohes Datenvolumen. Durch das im Moment entwickelte LTE-Netz sollen diese Schwachstelle durch mehr Kapazität, höhere Bandbreiten und eine bessere Netzabdeckung minimiert werden.[69]

Erstaunlich ist außerdem, dass durch aufkommende, neue Technologien am POS die Bedeutung der bisher notwendigen Interaktion zwischen Menschen nicht mindert: Werte wie Zuverlässigkeit, Vertrauen und Nachhaltigkeit bleiben laut einer Studie der ESB Business School Reutlingen weiterhin Eigenschaften, die für den erfolgreichen Umgang mit Menschen nötig ist und nicht wie bei den ständig neu aufkommenden Technologien im Laufe der Zeit ein Gewöhnungseffekt bei den Kunden eintritt.[70]

Die Technologien bieten eine große Chance für den Handel, für dauerhaften Erfolg der Unternehmen muss jedoch vor allem der Zusatznutzen des Kunden fokussiert werden – ebenso wird das Thema Datenschutz immer wichtiger.[71] Gerade das Bild des für den Handel „gläsernen Kunden" bremst die Verbreitung solcher neuen Technologien wie den Beacons. Die Kunden müssen sich sicher sein können, dass das gespeicherte Konsumverhalten nicht missbraucht wird und dem Händler so vertrauen, dass das automatische Einchecken zugelassen wird – ansonsten scheitert der Händler schnell.[72]

---

[67] Vgl. Mayer, A., 2012, S. 47.
[68] Vgl. Heinemann, G., 2014, S. 122 f.
[69] Vgl. Heinemann, G., 2014, S. 122 f.
[70] Vgl. Buhr, A., 2011, S. 10 f.
[71] Vgl. Buhr, A., 2011, S. 227 ff.
[72] Vgl. Buhr, A., 2011, S. 10.

7 Fazit

Für Unternehmen wird es immer wichtiger, sich von der Konkurrenz abzuheben und ihren Kunden entscheidungsrelevante Informationen schneller, besser und einfallsreicher zu präsentieren.[73] Betrachtet man die mobilen Umsätze des E-Commerce, wird schnell klar, dass die Bedeutung des mobilen Internets gerade für den stationären Handel immer weiter wächst.[74]

Diese Entwicklung bietet Unternehmen große Chancen, sich von der Konkurrenz abzugrenzen und so Wettbewerbsvorteile zu erlangen: Die Voraussetzungen für interaktive Einkaufserlebnisse werden verbessert und es entsteht so eine Chance für Unternehmen, sich durch den Einsatz unterschiedlichster Technologien von der Konkurrenz abzuheben.[75] Denn unternehmerischer Erfolg kann nur durch gezielte Kombination neuer Kommunikationswege und Vertriebsmöglichkeiten der digitalisierten Welt mit der bisherigen Vertriebsstrategie erzielt werden.[76]

Voraussetzung für die erfolgreiche Anwendung ist jedoch die Einstellung, den Kunden dauerhaft und nachhaltig einen Mehrwert durch die Anwendung solcher Technologien im Handel zu bieten. Wird dieser Gedanke fokussiert, und die Anwendung nicht nur zum Selbstzweck betrachtet, erhöhen manche Kunden sogar ihre Zahlungsbereitschaft durch diese entstandenen Mehrwerte.[77] Jedoch muss bedacht werden, dass beim Kunden im Laufe der Zeit ein Gewöhnungseffekt auftreten kann, wenn die angewendeten Technologien nicht überprüft, angepasst und gegebenenfalls durch aktuellere ersetzt werden. Neue Trends zeichnen sich bereits heute ab.[78]

Des Weiteren muss klar sein, dass Technologien wie die Beacons nicht das Allheilmittel des stationären Handels sind. Einkaufserlebnisse können verbessert werden, Kundeninformationen besser zur Verfügung gestellt werden, außerdem können dem Kunden Mehrwerte geboten werden und so kann eine Brücke zwischen dem Online- und Offline Handel geschaffen werden. Jedoch kann es auch

---

[73] Vgl. Buhr, A., 2012, S. 10.
[74] Vgl. Heinemann, G., 2014, S. 126f.
[75] Vgl. Schröder, F., Bach, J., 2013 (Internetquelle), Stand: 12.04.2015.
[76] Vgl. Buhr, A., 2012, S. 112.
[77] Vgl. Schröder, F., Bach, J., 2013 (Internetquelle), Stand: 12.04.2015.
[78] Vgl. Buhr, A., 2011, S. 227.

vorkommen, dass der Kunde solche Angebote schnell zu aufdringlich findet und die Werbung nicht positiv, sondern negativ aufgefasst wird.[79] Wichtig ist und bleibt demnach die Fokussierung auf den Kunden selbst: Welchen Mehrwert bietet beispielsweise der Online-Handel und durch welche Technologien kann ich diesen Mehrwert effektiv einsetzen, um dem Kunden diese Vorteile auch Offline zu bieten und ihn so wieder mehr in den stationären Handel zu ziehen.[80]

Der Einzelhandel nach Schema F hat definitiv ausgedient. Zwar sieht man bisher nur wenig „Early adopter", welche Barcodescanner und andere Apps direkt am POS verwenden, jedoch muss sich der stationäre Handel weiterentwickeln. Durch die korrekte Anwendung neuer Technologie am POS können die Vorteile des stationären Handels optimiert und so dem Online-Handel erfolgreich Konkurrenz geboten werden.[81]

---

[79] Vgl. Klotz, M., 2014 (Internetquelle), Stand: 12.04.2015.
[80] Vgl. Frey, U.D., Hunstiger, G., Dräger, P., 2011, S. 213f.
[81] Vgl. Haderlein, A., 2013, S. 1f.

Literaturverzeichnis

Bender, H. (2014) „Shopnow bringt Beacon-Technologie nach Deutschland", in: https://www.derhandel.de/news/technik/pages/Loyaltyprogramme-Shopnow-bringt-Beacon-Technologie-nach-Deutschland-10350.html (Stand: 12.04.2015)

Broeckelmann, P. (2010), Konsumentenentscheidungen im Mobile Commerce, 1. Auflage, Gabler Verlag, Wiesbaden

Buhr, A. (2011), Vertrieb geht heute anders – Wie Sie den Kunden 3.0 begeistern, 1. Auflage, GABAL Verlag, Offenbach

Craig, A. (2013), Understanding Augmented Reality – Concepts and Applications, 1. Auflage, Elsevier, Waltham

Dörner, R., Broll, W., Grimm, P., Jung, B. (Hrsg.) (2013), Virtual und Augmented Reality, 1. Auflage, Springer Verlag, Berlin Heidelberg

Frey, U. D., Hunstiger, G., Dräger, P. (2011), Shopper Marketing, 1. Auflage, Gabler Verlag, Wiesbaden

Klauberg, G. (2014), „Mit Beacons den stationären Handel in die digitale Wertschöpfung einbinden" (Internetquelle), in: http://www.onlinemarketing-ihk.de/blog/2014/10/30/mit-beacons-den-stationaeren-handel-die-digitale-wertschoepfung-einbinden (Stand: 12.04.2015)

Klotz, M. (2014), „Beacons – Hoffnungsträger für den stationären Handel?" (Internetquelle), in: http://locationinsider.de/beacons-hoffnungstraeger-fuer-den-stationaeren-handel/ (Stand: 12.04.2015)

Kreutzer, R. (2012), Praxisorientiertes Online-Marketing: Konzepte - Instrumente – Checklisten, 1. Auflage, Gabler Verlag, Wiesbaden

Haderlein, A. (2013), Die digitale Zukunft des stationären Handels: Auf allen Kanälen zum Kunden, 2. Auflage, Münchner Verlagsgruppe, München

Heinemann, G. (2014), SoLoMo – Always-on im Handel, 1. Auflage, Springer Gabler Verlag, Wiesbaden

Heinemann, G. (2012), Der neue Mobile-Commerce: Erfolgsfaktoren und Best Practices, 1. Auflage, Springer Gabler Verlag, Wiesbaden

Mayer, A. (2012), App-Economy: Milliardenmarkt Mobile Business,1. Auflage, Münchner Verlagsgruppe GmbH, München

Mehler-Bicher, A., Steiger, L. (2014), Augmented Reality, 1. Auflage, Oldenbourg Wissenschaftsverlag GmbH, München

Riedl, H. (2014), Flow-Erleben am Point of Sale, 1. Auflage, Springer Gabler Verlag, Wiesbaden

Schneider, W. (2014), Gabler Wirtschaftslexikon, Stichwort: Point of Sale, in: http://wirtschaftslexikon.gabler.de/Archiv/54807/point-of-sale-pos-v7.html (Stand: 17.04.2015)

Schröder, F., Bach, J. (2013), Digital at Point of Sale in: http://www.syzygy.de/images/SYZYGY_Abstract_Digital_POS-1.pdf (Stand: 12.04.2015)

Weber, W., Kabst, R. (2012), Einführung in die Betriebswirtschaftslehre, 8. Auflage, Gabler Verlag, Wiesbaden

Wendt, G., Da Rosa, H. (2012), Aktuelle Ansätze im Marketing: 11 Trends für die Praxis im Überblick, 1. Auflage, Cornelsen Verlag, Berlin

Ohne Verfasser (2014), Internet World Business, in: http://heftarchiv.internetworld.de/2014/Ausgabe-06-2014/Leuchtfeuer-am-Point-of-Sale (Stand: 10.04.2015)